Potlatch

Guilherme Gontijo Flores

Potlatch

Poemas

todavia

A parte da perda
Wega 11
Cruzo estas portas 13
Ausculta-se um coração 14
As almas seguem neste almofariz 15
Pasárgada 16
Glaciar 18
Taxi? We'd rather walk 19
As estantes 22
Hashima 23
Crianças de Kozara 24
Per speculum in aenigmate 25
Terceira metade 26
Epagômenos 27
Tout est plein dans la nature 33
Inverta-se o olhar na árvore 35
Ramo roto 36
Recíproca mordida 37
Suspenso 41
O caule que aqui finca 48
Tudo termina 49

Colheita estranha
Toques 53
Isto 55
Prestidigitações 56
É supérfluo acrescentar que, aqui,
não se trata de contratura histérica. 58
Amor supremo 60
Cadáver adiado que procria 62
Matina 64
Minas 66
Em lascas sobre a língua 70
Titono abraça o dia 72
Favilla 74
Solar 76

Três estáticas
1. Ernst Herbeck estala o dia 79
2. Juicervose 81
3. Outro mendigo junto à porta 82

Cantos pra árvore florir
Últimas chamadas 85
De-milhares 87
Dez imagens da vaquejada 88
Escapulário 98
Antinomes de um rio 100
Estala o fogo 109
Batistérios do amor incógnito 113
Lázaro 115
A que nos coube 116
Te envio uma voz 118
Potlatch 123

Notas 126

Lusala lwa nuni, nuni yândi wam'pâna lo.
[Pássaros possuem penas porque lhes
foram passadas por outros pássaros.]

Provérbio quicongo, via Bunseki
Fu-Kiau e Tiganá Santana

A parte da perda

Wega

Você vai morrer sozinho
vai ser sepultado sozinho.

> *Você vai morrer sozinho*
> *vai ser sepultado sozinho.*

Pense por isso no dia
que você vai morrer sozinho.

> *Você vai morrer sozinho*
> *vai ser sepultado sozinho.*

Tantos já nos deixaram
e você também vai morrer.

> *Você vai morrer sozinho*
> *vai ser sepultado sozinho.*

§

Uchafa uri wega
ugovigwa uri wega.

§

Todas as tribos que se foram
acolham aqui seu filho
a ele acolham.

Todos os pais que se foram
     acolham aqui seu filho
          acolham.

E todos os mais velhos que se foram
     acolham aqui seu filho
          a ele acolham.

Hoje ele se vai
     acolham aqui seu filho
          ele se vai.

Cruzo estas portas

Cruzo estas portas, estranho-me o asco
de sempre, dou corda à caixa de música
que está quebrada: a bailarina brusca
nas rotas insólitas de outro fiasco
risca seu ruído qualquer de plástico
alheio; não, nada naquela acústica
parece errado, como sai o pus da
veia cística, ou marca de tabasco
presa na camisa listrada; estranho
que isso tudo tão certo seja; excito
-me como moleque no canto, fanho
como um tiro errado, ganso balístico,
põe o agasalho inútil, garro ranho
preso nas botas (as portas): persisto.

Ausculta-se um coração

Ausculta-se um coração arrítmico,
feito bomba que hesita, feito a baça
compartimentação de uma lembrança
de um museu que queimamos, só por risco.
Extraí-lo do meio desta fossa,
dentre carne e costela distraí-lo
é o mote que resta, ódio e asco,
feito porco que saia da lambança?
Assim seja: ruína em meio à praça,
vida estanque, o porão do mesmo paço,
onde os corpos se empilham, onde posso
entrar e sair sem peso, onde penso
encontrar o meu crânio, donde expulso
toda a lembrança, a lambança, a leprosa
chaga do dia que ao chegar mais pesa.

As almas seguem neste almofariz

As almas seguem neste almofariz
No templo ninguém vê que os fariseus
vencem o dia sempre por um triz
e nisso comem o nome de deus
As almas seguem neste almofariz
e maceradas vivem com seu peso
o pasto aumenta a morte agora diz
uma palavra opaca envolta em pez
Os corpos seguem logo sem ter paz
nada no tempo garante um depois
nada disso era certo nem se quis
do jeito certo e feito uma aguarrás
desce a garganta esfola musgo e pus
As almas seguem neste almofariz

p/ Maria Lúcia Alvim

Pasárgada

Buscamos um lugar para alugar
naquele clipe alegre de Elton John —
Pasárgada se chama

(o enxofre sobre a terra atinge as grades
do condomínio extremo de mansões,
que agora inflama

em tarde fria e noite sem luar,
quando fogo e silêncio são clarão
do olhar de Xapanã).

Como alterar a rítmica das coisas?
O presente encolhia-se incisivo
num desejo do ausente,

e só mudar é que era o mundo, à toa
fazer um furo no futuro liso
e ali mantê-lo prenhe

(não se muda as pessoas, as pessoas
mudam se tomam tino, ganham siso
enquanto perdem dentes).

Existe aqui um país gasto, exausto:
pedra estanque do tempo distendido,
gesto de quase-pó;

faremos outro tempo neste claustro?
Mudamos de ares, mudaremos disto
que já não nos consola?

A praia resta longe, mero pasto
repleto dessas larvas onde é lícito
fincarmo-nos no agora.

Infecto, ele ressurge e nos conclama,
ampliado, infinito, o só-presente
de agoras sem consolo. E nos devora.

Glaciar

Tantos dedos alçados no mistério
da morte ou da paixão
soam ainda secos

feito um céu invertido
onde despontam
cacos da mesma voz

que somos e assumimos
distintamente luz
e dissonantes

soam no gelo trêmulos
no etéreo trépidos
no tempo

entre fendas e glaciares
soam tremendo as cascas
das personas que somos.

Taxi? We'd rather walk

I.

Eu cadela de beco sem saída
conclamo um uivo mouco:
é pouco quanto peço

e se tropeço um tanto
é quanto meço na partida
as pulgas que carrego.

Ao fim nasce um bocejo cego
e nego a raiva prometida
na lida de uma saraivada

dos nadas consumidos a esmo:
a mesma mola chocha do desejo,
o mesmo brejo azedo da saída,

o beco seco da goela
nessa viela escancarando
o quando mesmo deste tédio.

Cadela sem saída:
o beco é meio-termo andado
e meia-vida é meia-boca

(pergunto o nome das ossadas
mas cada uma me responde
um nome interminado) —

no estrado onde me assento
invento a vida inteira
na corredeira da sarjeta.

A meta está fadada sempre
ao entreato desta lida:
a saída de um beco sem cadela.

2.

Suas patas me seguem
quilômetros a fio
nos paralelepípedos

(mancas mas nunca entregues);

se a dor matura o fruto
antes de abrir o gosto
a cachorra é oposta,

exu que não computo
junto aos muros, madura.

Em mim segue-me o cão
que sou ao me perder,
mas se a procuro, não
:
assim deixo de ser
um cachorro de chuva.

As estantes

As estantes eu levo nas costas
desde pequeno;
cruzo uma rua, bom dia,
ajeito do lado esquerdo
bom dia, a mão direta erguida reta
a esquerda se acerta com o peso.

Cansa levá-las, vai sem dizer,
cansa tê-las nos lombos de dia,
por isso aperto o dedo em tarraxas
e temo que soltem.

Posso trazê-las por tudo,
por isso temo que soltem;
cruzo uma rua, bom dia,
a mão direita erguida reta,
bom dia, ajeito do lado esquerdo.

Vai sem dizer, canso em levá-las,
tê-las nos lombos de dia cansa,
aperto o dedo em tarraxas,
por isso cruzo uma rua,
bom dia, a direita erguida,
mão reta, ajeito do lado
esquerdo, escorrega, bom dia.

Temo que vejam tarraxas,
bom dia, desde pequeno,
as estantes eu levo nas costas,
nos lombos, vai sem dizer.

Hashima

Algo que o beijo do teu último carvão disseminou:

da noite pro dia em movimento brusco e bruto
pra fazer do concreto a rocha nova das saxífragas,
rompendo tudo, junto das formigas e dos fungos,
um modo de desmantelo lento e lindo, pra buscar
no mar em volta este choque que agora te embala
em outra vida. Hashima, navio de guerra, o capital
te fez e cabeças te anotaram por sobre os recordes
do que se diz população, e mesmo assim vazia, está
repleta, as portas mal abertas desmoronam, pedras
refazem seus contornos. (Hora após hora é incluída
na soma. Até o tempo envelhece.) Largada, rebentos
encontram sobre os móveis rejeitados o velho mote,
quando beijam os teus ossos expostos, tuas chagas,
conformam modos, conduzem dias, te brotam ilha.

Crianças de Kozara

Como nós, recolhidos e enviados
no entremeio da névoa da manhã,

todos também teriam de exaustão
e medo e tifo e breu uns poucos passos

por escolher, comer e não morrer,
por escolher, comer essas cartelas

de papelão, trazidas como um erro
junto ao pescoço, desfazendo nelas

o nome que nos deram e na fome
extinguindo a palavra em contradom?

p/ Nina Rizzi

Per speculum in aenigmate

Toda mãe tem as duas mãos quebradas,
e são para quem nunca as concedeu.
Como se fosse inconcebível fado
o nome carregado, o nume dado
da vila inacabada. Quem te deu
que vai ruindo todo nas quebradas
um erro infando, as contas de um abrigo
perto, teus descontentos descontando?
Conta nos anos tua perda estando
dia. Te deu a casa em desabrigo,
o tempo dava o som do nunca sido:
cordas umbilicais, teu nome quando,
pra comungar, as coisas desvalando,
dia te deu um sono desabrido.

Dia te deu um sono desabrido
pra comungar as coisas desvalando
cordas umbilicais: teu nome quando
o tempo dava o som do nunca sido.
Dia te deu: a casa em desabrigo
conta nos anos tua perda estando
perto, teus descontentos descontando
um erro infando, as contas de um abrigo
que vai ruindo todo nas quebradas
da vila inacabada. Quem te deu
o nome carregado, o nume dado
como se fosse inconcebível fado
e são, para quem nunca concedeu?
Toda mãe tem as duas mãos quebradas.

p/ Odete
a partir de Ana Chiara

Terceira metade

Dar por perdido
o perdido, dar
por perdido, né?
et quod uides
perisse perditum
ducas, por perdido,
dar por perdido
chaves, dedos,
dias, viço, chances,
isn't hard to master
é? dar por perdido,
the art of losing,
contas, corpos,
perdido, amores,
dar por cansaço
perdido tudo
em tudo que
se perde é sim
metade da arte,
o mais difícil.

p/ Ricardo Aleixo

Epagômenos

I.

Cinco dias de vida
fora da conta:
abrem-se os braços
em ponta firme
e o sol persiste no sem nome
da estação perdida.

2.

Eles são certos
fora da conta,
os cinco dias
dentro da espera
cabem na mão,
em cada palma
que se espalmasse
em cruz.

3.

Você caminha pelo centro
e tudo segue seu destino
de sempre, tudo segue reto
a linha, a mesma linha, a reta
tudo segue direto ao ponto
ao fim da linha em que termina
a vida o ano a nossa sina?

4.

As palmas contam dias
enquanto os dedos brotam
feito vinhas na cheia,
tudo transborda fértil
e o sol assola os olhos.

5.

E o dente já não vai cair
e ainda insistem os joelhos
sem se envergar à mó do tempo
e rangem vísceras agora
e a fome põe na conta
o tempo e a fome
define a rota
e a fome conta
dedo a dedo.

6.

Os cinco dias de vida
além do calendário,
a tua vinda inteira ali contida
como uma hora extra sem a base,
o amputamento deste braço
que nunca teve tronco:
cinco dias sem corpo
que são a vida inteira.

p/ Sergio Maciel

Tout est plein dans la nature

Cada porção da matéria
seria concebível
como um jardim pleno de plantas,
como um tanque pleno de peixes
e cada galho da planta,
cada membro do animal,
cada gota de seus humores
seria ainda
um tal jardim,
um tanque tal.

Nem geração inteira nem morte perfeita

E mesmo que a terra e o ar
intercalados entre as plantas
do jardim
ou a água intercalada
entre os peixes
do tanque
não seja planta nem peixe,
ainda assim contém
algo
deles,
mas amiúde duma sutileza
para nós imperceptível.

Cada alma conhece o infinito
conhece tudo mas confusamente

Assim como não há nada
de inculto, de estéril,

de morto no universo,
nada de caos, nada
de confusão além
da aparência, mais
ou menos assim
como talvez num
tanque a certa
distância se veria
o movimento confuso
e turbulento, por assim
dizer, dos peixes
no tanque, sem discernir
os próprios peixes.

Inverta-se o olhar na árvore

Inverta-se o olhar na árvore,
destronque-se do cerne a ser na ponta:
ela está certa se esperta-se, oferta-se ávida,
avessa e árida a quem a atravessa.

Meça-se a folha por quem olha
demorado do lado de fora,
o ar é sua área, sua arena
fotossintética, sua ética

é que devore o ar inverso
o arreverso no carbono,
o ar áfono, o diáfano
correndo seiva adentro.

É um armarinho de modos,
nesse caminho todas se moldam
rumo ao galho, ao ramalho
que fazem como face da árvore.

Uma rama a outra ama
a cada encontro, do feixe
faz-se tronco, e no estanque
aparente encontram a terra

e se aterram na espreita de água inversa,
céu acima, seiva ao cimo,
deixa que o olho se molhe a correr à farta,
seja pupilo da pupila, a água correlata.

Ramo roto

Quebrou-se o galho da cerejeira vizinha,
seus brotos todos rotos junto ao germe
de flor perdida, sinal das abelhas
desviadas do prumo, pólen sumido
no chão.

      O mistério, amostra breve,
cansado concede a recolha tardia:

num vaso o ramo preto e úmido,
desplantado de tempo e terra,
desponta caras novas na janela,
aflora a multidão de máscaras
no centro da cidade, um céu escuro,
onde tudo promete decair,
em profusão de rosa sobre cinza.

Recíproca mordida

I.

Dedos podem ser pétalas, tout court,
que feito sensitivas se contraem
ao toque, sensitivos que são
ao medo, à morte que aqui somos

enquanto vivos, quentes nesta casa
(Nunca vou entender a tua terra,
a tua líquida linguagem que me escorre
por entre as mãos, me molha o peito

assim plantífera, jiboia nova
trepando em meu pescoço
entre perigo esquivo e doce entrega),
e se agora te abri aqui é só

que me escancaro mais, e muito,
nós dois em sol e sombra entrelaçados,
raiz raiz adentro, húmus do céu
que somos pelo quarto, dedos

que dou e tomo, pernas perdidas
no desejo, arfando, a coisa viva,
a coisa certa que contém distâncias
no desencontro, e temos tempo

e temos tempo.

2.

Brotam escuras sobre a pele,
montículos na planície
clara da epiderme, assim

a geografia estranha
em tuas pintas salpicando
ilhas, por onde corre

a língua, bruto instrumento
do prazer, a trepidar
nas vias do presente

dado, entregando
outra aspereza úmida
minha na tua,

onde por dentro, abrindo
as rugas de um momento
poroso, tudo é superfície.

3.

Nossos os tratos deste amor:
recíproca mordida e travos
sobre texturas de umbu;

o dente adentra a casca,
estoura crosta, encosta
na polpa firme e ácida

que em dor consome doce
quanto mais a morde
numa contramorsura

sobre esmalte, rasgo
em mucosa e saliva:
estes os nossos tratos,

na mor parte vagos,
e assim procuro tudo
que me cabe na pele,

toco a paixão do corrosivo,
tocado me descasco,
corroo teu repasto

entregue, arisco, arrisco
viver a seca inteira
escavando os teus pés,

mas sem tocar as águas
leves da tua cacimba
debaixo desta terra:

estes os tratos feitos,
trocados nas mandíbulas:
jamais chegar nessa raiz,

jamais cortar na base
o lenho áspero e extrair
o fim de cada sede

onde morrer-te por beber-te.

p/ Nanda

Suspenso

I.

Certo sonho eu vi um homem
parado ao meio do cerrado.

Sem dizer nada
me encheu inteira a boca

com tufos e pelos de bichos
depois me disse:

       Acorda agora e fala.
Ao despertar eu expelia versos.

2.

E cada fio do teu cabelo
detém quarenta anzóis
onde me prendo

como arapuca esperta
que, exausta a presa,
em silêncio vai crescendo

e feito uma águia mutilada
após a flecha
também me rendo

nas tendas rotas,
no abandono das pedras
do teu acampamento

destroçado por fogo,
fúria,
vento.

E, peixe compelido
à seca dos açudes,
assim me vendo

e sem a vista estrita
do teu olhar,
sem direito a lamento

e sem um canto
onde cair,
sem fora ou dentro,

ali me enredo
alucinado no sabor
do meimendro:

perco a linha das rendas
como agulha em deriva,
porém desvendo.

E lendo o corpo em pelo
ali onde deslembro
tu ris e segues sendo:

e quando me contento
com teu silêncio
tu ris e segues sendo.

3.

Quando o sol se desenrolar
e quando cada estrela desabar
e quando cada monte passear
e quando a camela prenhe se largar
e quando cada fera se juntar
e quando arder em todo o mar
e quando cada alma emparelhar
e quando a enterrada viva explicar
por que motivo a podem trucidar
e quando a escrita se desenrolar
e quando o céu se esfolar
e quando o inferno se atiçar
e quando o paraíso se achegar
então toda alma tudo saberá.

Juro por todo astro que gira
que corre e esconde sua pira
pela noite quando inspira
pela aurora que respira:

na certa ele é o mensageiro altivo
junto ao dono do trono, ativo,
que todos obedecem no crivo
e não é louco o seu amigo
que no horizonte o tinha visto
nem é avaro quanto ao inviso —
e isto não vem dito por demo maldito.

Mas onde vocês procuram seu destino?

Isto é lembrança para os universos
pra quem no certo está converso

>

mas com isto vocês não querem conversa
se o senhor dos universos
com isto não conversa.

4.

Com meus companheiros me detive
entre as águas de dois rios
que cruzam a metrópole
lugares onde nada existe
onde não há ninguém
(a natureza das coisas tem mudado).

Entramos à direita pela nuvem
enquanto a esquerda despencava
e desabaram águas
derrubando árvores:
uma borrasca de folhas
desentocou os hóspedes da selva
e não sobrou de pé um tronco só
e entre edifícios de pedra
restaram penhascos apenas
como se o monte mais imenso
sob as primeiras chuvas
vestisse a longa túnica estriada
e de manhã depois do turbilhão
o cimo fosse uma cabeça calva

A enxurrada desceu seu despejo nas águas
feito um mascate a desdobrar tapetes
no dia seguinte parecia que os pássaros
sorviam com pimenta seu cauim
moluscos reviravam a sombra do céu
fazendo um pasto pros golfinhos
e nos limites mais distantes
os bichos afogados
pareciam raízes arrancadas de cebola.

5.

Ao despertar eu expelia versos
neste naufrágio em terra firme
sentindo em minha língua
algo de vinho, arenga em teus cabelos.

O caule que aqui finca

Andei cortando bambu
pra vocês, meus pequenos.
Suponho que vivi.

Esta tapera transida
no amanhã ficou
enfim de pé.

Não labutei no mutirão: vocês
não fazem nem ideia
dos alguidares onde
botei a areia ao meu redor por anos
por mandos e modos. A de vocês
vem do ar livre — segue
livre.

O caule que aqui finca o pé amanhã
ainda está de pé aonde quer que
a alma jogue a jogar vocês no des-
vínculo.

Tudo termina

Tudo termina, é certo, já sabemos
desde o começo, tudo se esvanece
feito névoa na chuva, tudo nesse
mundo deriva igual àqueles remos
que sem querer soltaram no descanso
do barco desatentos e desandam
na correnteza lenta leve mansa
que ainda assim carrega e tudo manda
perder-se além da vista igual vapor
que sai do asfalto e turva os olhos ou
o boneco de neve que me encara
depois que uma garoa reverdece
o campo e ele deformado tece
um rastro que persiste e nele traz a minha cara.

Tudo é sagrado pois se perde: é rara
a vida, bem sabemos, mas transborda
feito aquele relógio de dar corda
do teu avô ou bisavô que para
a cada instante ou que parava e vai
seguir parado na gaveta, mas
ainda assim convoca muito mais,
porque seu rastro é justo o que se esvai;
e o boneco de neve que me enfrenta
e que fiz pra vocês como um rebento
torto, tornado um elo que mantemos
contra a distância, ele agora me acusa
seu fim e ainda assim também recusa
em terminar: nada termina, é certo, já sabemos.

p/ Dante e Íris

Colheita estranha

Toques

Abre-se o supercílio,
porém hesita a flor
de sangue que concede
tempo ao deslocamento
destas mandíbulas
no baque sucessivo
dos murros vários
na base de molares;

eis a nossa política
de troca, contradom
na lida dos palhaços:
você e eu assinalados
pelo acaso dos lados
que cabem a cada um,
colhendo aqui o fruto
do golpe sobre a carne.

Quem pegou à direita
na derradeira rua
da risada? Quem vai
recolher nas ruínas
todos os dentes soltos
pelo baque, ou todos
os sonhos que rasgados
encontram na fumaça

os nomes dos letreiros?
O combate remonta
ao antes dado, ao fato
inenarrado, ao plástico

>

nome que já nos deram,
e acabaremos nele
enlameados quando
cruzarem nossos ossos.

Isto

Pegue isto que digo
(eu sei, escapa),
pegue isto que dito
pela culatra,
pegue isto que, dito,
ainda grava
na pele que irrito,
isto que rasga
tudo quanto é inscrito
e quanto escapa,
pegue isto que cito
como uma marca-
d'água no olho aflito,
que se desata
entre sangue e grito,
o que te vara
toda vez que insisto:
isto que mata.

Prestidigitações

Veja agora que mostro:
nada na mão esquerda,
nada na mão direita;
repare no silêncio
porque não faço truque

(tudo é verdade, mesmo
no dedo que retiro,
nas meninas que miro
a faca, nas meninas
que corto em placas,
nas meninas que sumo
em caixas, nas cartolas
que soltam bichos presos).

Veja que agora exponho
dedos na mão direita,
dedos na mão esquerda;
repare: não são meus
os dedos decepados

(nada persiste mesmo
muito tempo na cena,
cumprimente a assistente
e oferte esparadrapo
para os pedaços: nada
é realmente dela,
nada no sangue pode
passar de tinta e corpo).

Veja que agora indico
num gesto pouco claro
o cano em tua nuca:
sonhe que saltam flores.

É supérfluo acrescentar que, aqui,
não se trata de contratura histérica.

Trata-se de doentes do sexo masculino,
que sentem progressivamente (em dois casos,
o aparecimento foi brutal) dificuldade
na execução de certos movimentos:
       subir escadas, andar
       depressa, correr.
A causa dessa dificuldade está numa
rigidez característica
que evoca irresistivelmente
um comprometimento de certas regiões
do cérebro (núcleos cinzentos centrais).
É uma rigidez em extensão
e a marcha se faz por
pequenos passos. A flexão passiva
dos membros inferiores
é quase impossível.
Nenhum relaxamento
pode ser obtido.
        Contraído,
incapaz do menor relaxamento
voluntário, o corpo
     do doente
parece constituir-se de uma única peça inteiriça.
O rosto é fixo, mas expressa
um grau marcante de desorientação.

O doente parece não poder
"desmobilizar os nervos".
Constantemente tenso,

>

na expectativa, entre a vida e a morte.
Um deles nos disse
"Veja, já estou rígido
como um morto."

Amor supremo

Os edifícios estralando
como a terrena pedra
de espera da noite,
onde nos entrelaçaremos;

luz torneada no tempo
em cuja brecha
a carne medra
no amor supremo:

estamos revolutos,
feito sargaço
na areia estreita, feito
extremo corte
                    (onde?),

os dedos estirando
céu adentro, céu
abaixo, céu imenso
sob um som cinzento,
tenso de sílica
e concreto.

                Amor supremo
onde estaria, se o ar
exala a peste, o ser
consome o custo
extremo destas tumbas?

Carícia, gesto
interminado,
ainda onde intento
o modo aberto,
atento a tudo que de vivo
se dê pétala no sagrado.

Cadáver adiado que procria

São ossos que se estranham
no confuso bordado de rangeres,
como que porta emperrada,
bordão de ferrugens e dias;

as vísceras que avançam
pouco a pouco estourando
os botões, ampliando
o espaço privado desta vida;

escaras que se acumulam
sobre os olhos fatigados;
dentes dormindo juntos
em caixinhas de colares;

este todo que segue
a cada instante para longe
numa distância ínfima
de mim em mim, de mim a mim;

estes músculos que inflam
e se inflamam contorcidos
no frouxo dos tendões
distensos sobre o leito:

envelhecer, um movimento
dos que ficam quase-vivos,
ciência parca da sobrevivência
ainda que estanque em quase-fúria,

e isto que aqui desprende,
corpo que sinto alheio,
sabendo ainda meu,
sabendo ainda eu,

desoutra-se e desata-se
na festa falida da carne,
assume em si o seu ruído,
abraça o que desfaz

na soma dos seus dias
contados sobre perdas.

Matina

A medalha é uma réstia de sol,
couro e estrume na borda da luz
que desbota o capim calcinado
de tarde a tarde ao que cabe no chão
entre as dobras das leiras na terra.
Um dedo aponta a chacina do dia,
encoberto de musgo e feno e pó,
uma unha espocando no cerne
da vida em cutícula assimila essa
carne dormente no caso do pó.
Explodem na aurora umas fabulações
de azul e laranja, de verde e rubi:
são gritos, palmeiras, são olhos, sementes,
são cal e cimento no cais da manhã.
Um asno urra as quimeras perdidas
do dia no caos do primeiro rebento
de milho e soja pela terra assolada
que cumpre a medida do corpo,
a cansada mesura dos membros na mó.
Cão e pato consumam o quadro
e as nuvens não cabem no moto
que esquadros ao pouco limitam
na cena decídua que a íris define.
Os pés se confundem no meio da mata,
mãos abrigando seivas e pólens.
Na dobra dos pulsos rebentam brotos
a boca entre pastos floresce erva-doce.
Vibra o barranco de vida e depois
de um tempo aceita o dia, o dom
de dor e fúria, a sina de som
e terra que acolhe tudo em volta.   >

O ouvido ainda encobre a mata
num zunido estalando a paisagem
são talos novos no olho-d'água
e o metal no peito do moleque
entranhado não é medalha de ouro,
estranho sol que dorme carne adentro.

Minas

I.

O pé vai delicado na estranha plantação
tateando o invisível,
                procurando
         ausências
até que numa beira um clique
                          indica
— vida de morto e carne
              perfurável de vida —
a hesitação de ser o que se explode
abaixo
        em base
        e fim:
        acha uma
        mina.

2.

A dispersiva,
a delusiva

forma de vida,
a mesma sina

a todos dada
sem cor ou cara,

a cristalina
e democrática

força da mina
a todos dada

a cada dia
em cada escara,

tudo termina,
tudo estilhaça

e algo maquina
quando ela para.

3.

Pisá-la é o que é o caso —
molde mutável do mundo
na morte dos modos;

parado segue vivo,
e mais um passo
os membros todos

fazem boneco roto;
existe estanque, apenas,
rastro de um vivo-morto.

4.

São lascas de metal que cruzam tudo
a pólvora contida sob a terra
subindo passo a passo pelos ossos
no isqueiro desta sola que a encerra

planta do pé rasgando panturrilha
um breve instante e se descola acima
juntas tendões que implodem sob a chuva
atrás do céu dispara sua sina

de sangue e mijo e tripas terra e grama
expande a cena lenta um paraíso
os olhos num instante a mais projetam-
são fogos de artifício em solo liso

se corpo afora os dentes dedos tudo
depois do estrondo esparsa fica muda.

Em lascas sobre a língua

Se adensadas em treva,
espessas boca adentro,
decaem em pleno peso
feito pedras e hoje feitas
coisas, as palavras vêm
negar o mundo que antes
apontavam, o mundo que
fundavam a cada instante
em nossos dedos e dentes,
entornadas entre cantos,
pedras, papéis ou paredes;
se agora são elas próprias
as coisas em recusa ao
nosso índice interminável
da velha significância,
e então pendem feito frutas
em nossos peitos, podres
que nem jacas, ou moles
como o lodo ali colado
naquelas cascas mortas
de outro termo outrora
utilizado; se depenam
as práticas mais fáceis;
se colidem numa linha
reta umas contra outras,
assignificantes, assinando
a própria estada parca,
a forma da clausura
em si, com cerca própria;
se feitas seixos novos
varando os nossos olhos   >

deitadas pela gravidade,
se voltam contra donos,
e mordem-nos os braços,
pernas, e enfim dilaceram,
feito faca, feito bala
peito adentro, feitas
talho dentro do crânio,
seria algum remédio
colhê-las, desmembrá-las
em lascas sobre a língua,
aprumá-las sob o céu
da boca e alinhá-las
uma a uma entre os lábios,
formarmo-nos, fazermo-nos,
assim soprando densas,
espessas treva afora,
cuspi-las em sequência,
moldarmo-nos metralhadoras?

Titono abraça o dia

Habitando a incidência do acidente
estes molares vão cansados
pela trituração dos anos
andam agora moles
feito a língua no meio
moles que nem as molas
desses colchões antigos
onde se deita o corpo velho
quando destece as contas do rosário velho
para inventar seus dias

Porém as portas também rangem
e só quando se mexem
se empenam porque existe o sol
a chuva o chute inoportuno
a grama sente como roça
o plástico que a ceifa
feito carícia dilatada
no calor do verão
os tijolos contemplam
o adobe que desterra-
se noutro tempo
ainda e sempre aberto à seca
e isso que incide como morte
masca seu quê de bênção
ossos paredes ou capim
tudo concentra seu clarão
na desparição
seu templo

Estes joelhos boca adentro
eu poderia dar-lhes
cabo num dia à toa
colar as coxas nas canelas
pra descobrir a ânsia das mucosas

Esta ruína acolhe as rachaduras
e do acidente ainda aflora
amorfa instável
a primavera bruta
que não me cabe e que não quero

Favilla

Dentro da carne cresce
feito mandioca-brava,
cabocla, uma seiva,
feito favo de acúleo
que atiça, que inflama
tudo por onde toca,
que faz da boca a faca
que ataca e quase espoca
em flores flavas, flores
parcas, porque cresce
seca, além das metas,
cresce espalhando cinzas
entre os cortiços;
a cabeça de porco exposta
faz da favila um mote
poroso feito cortiça,
cresce por entre os morros,
por entre as mortes,
e pulsa e vibra e estrila
vida onde tudo é toca
rasa, vida onde tudo
que estanca abrasa,
vida de todo canto,
de toda cor, de branco
amarelo, preto, cinza,
brota onde tudo acaba;
favela na corte entranhada
em vielas contorcidas,
espinho que flora, que morde,
que medra, que mata,
onde o mato comia   >

e o rio desaguava;
carne que é tanto minha
quanto a erva daninha
devorando o pasto
em que me encontro,
favela, vida-escombro,
que assim de vê-la,
entre ruína e bela,
sobre os ombros da cidade
carcomida, cariada,
vejo-nos todos entre espetos,
toco nos dedos e deixo
o sangue a percorrê-la,
como semeadura inversa,
quando ferido assim
ali me fertilizo.

Solar

Mandíbulas esmigalhadas num sorriso,
dedos se alçam ao céu, fazem rajadas
e suas falanges vão tombando sobre testas,
gorjas e esternos, ventres e meniscos;
são quartetos de estralos, estalactites
como a espada de Dâmocles desenfreada
arriscando seu peso sobre todos.
Um sorriso,
       os sorrisos,
             as mãos e seus canos,
calcinados,
são tão menos que tudo,
só nota triste deste rodapé da história,
feita de ossada e tripa, nomes de vidas;
são dentaduras frouxas estalando
na água parada de um copo embaçado
entre tempos e medos;
boias pequenas contra afogamento
nessas piscinas infantis, que o horror inventa;
muletas para carros; são uns cuspos
postos a esmo contra a ventania
que nós aqui sopramos nos teus olhos;
um guarda-chuva contra folhas secas
ou britas para a nossa fundação.
Não poderão jamais colher a chuva.
Não poderão jamais conter o sol.

p/ Dirceu Villa

Três estáticas

1. Ernst Herbeck estala o dia

Meu nome é Alexander.
Herbeck só veio no batismo

quando eu nasci em 1920,
porque eu nasci em 1954,

aqui onde tudo se fissura,
gespaltene Seele, alma

cindida entre insulínicos,
cardiazólicos e elétricos

choques da quase-cura
de uma frenia convulsiva.

Me chame de Alexander.
Quem sabe provocar

estereotipia de silêncios.

*

Como não ser um cidadão
me aproxima tanto destas

incidadãs, inexistentes vozes
que vez por outra ainda ouço,

como isto de ser Alexander,
eu, nome da palavra silenciosa,

ou o rinoceronte que logo sou,
e ninfeia rosa-do-mar que sigo,

ou boca aberta além da boca
(tem boca que é desqualificada),

como talvez um novo código
morse que instalo e destilo,

entrecortado, esquizo, em caso
de estalos, ruídos deste

corpo demasiado elétrico.

2. Juicervose

Ecolalia de dublagens,
teu *sussuvuz* entre sussurros
(assim traduzo esse resmungo
inarticulado que somos),
juicervose para os teus pais
desdobrarem um som além,
o mel do canto que Ariel
perdeu, o mal que se consente
de ouvido a ouvido: *sussuvuz*

(dão-se estalos constantes sobre
a língua, teu ruído rosa
no poço raso da linguagem
range sob os passos do muito
que teimam em chamar real,
insistem em te dar um suco):

te dublo nesta ecolalia
de timbres desdobrados tantos
rachados em nó da laringe,
taquara em curso polifônico,
ponto que contorce compassos,
pisada instável, tiques, tiques,
mantras em síncopes *juicer
vose, sussuvuz, justyourvoice, sós
suavoz, just your voice, só sua voz,*
estalo duplo, peristilo.

p/ Owen Suskind

3. Outro mendigo junto à porta

Entra de esgueira, a cara torta
entrega o efeito do disfarce;
ele retorna, ainda bruto,
ainda incapaz do face a face,
em frente ao tempo que desperta.
Sabe: não foram dias fáceis.
Sei: ele sempre chega e parte
de novo, pois assim desfaz-se
este elo que refaço em porte
firme. Moedas pra Odisseu
são tudo — dou-as e pretendo
a pobre ficção, eu consinto
num jogo longo que se estende,
Penélope perfeita em seus recintos:
o nome de Odisseu sou eu.

Cantos pra árvore florir

O mundo
uma caixa de magia
Kabir, via Jorge Sousa Braga

Últimas chamadas

I.

˗ .... ˗˗˗ ..˗ .˗. ..˗. .. ˗. .˗ .˗.. ˗.˗. .˗. ˗.˗˗ ˗˗˗ ˗.

..... ˗˗˗˗˗ ˗˗˗˗˗ ˗.˗ .... ˗˗.. ˗... .. ..˗. ˗˗˗ .˗. . . ˗ . .˗. ˗. .˗ .˗..

... .. .˗.. . ˗. ˗.˗. .

— sim — de que se nos — que se — de que se — de que — que
se nos — dão mil sons — de cisão — da sina — desconcertos
— desa — certos — de mais — falarmo-nos — contrapassos
— de toda — parte seus tons — som sem fé — quase —
especifica — ção com seu sem-dom — tom tão mal tão bom
— sim do sim — e que se nos — dá súbito — récitas de — que
— nos disseram — fé sem som — ruídos — o — desfim do
— destino — corte — e cor — e parte-se — a que se — desti
—naria-nos — a — morte — sós calamo-nos.

2.

. ‾ ‾ .... . ‾ ‾ .... . ‾ ‾ .... ‾ ‾ .. . ‾ .. . ‾ ‾ . .. . .. ‾ ‾ . .... ‾

que fez deus? — que se decli — nará — só — no que se des
— lindar — sós — no que se des — faz só — no que — se —
des — vela-nos — que fez deus? — a — que se — re — ver —
berará — seu som que — se desdobra — rá?

De-milhares

Útero afora, assim se aflora
um gesto à flor da pele, a dobra

do úmero em carne fresca, um corte:
mãe-de-milhares, cerne aberto

ao mar estático, mulher to-
cada no termo — morte dentro

e vida agora, esterno feito
proa por onde estala o tempo.

A planta explode a todo instante,
proliferando o próprio leito,

e aqui se desnorteia o eterno
no estranho jeito em que se entranha.

para Raphael Pappa Lautenschlager
e Ana Cláudia Romano Ribeiro

Dez imagens da vaquejada

1. *Buscar o boi*

numa busca por tudo entre capins
rios montes extravios infindos
sem força e ânimo onde encontrar
entre bordos cantares de cigarras

2. *Achar o rastro*

ribeira e árvore com tanto rastro
plantas de cheiro espesso adocicado
junto a montanhas e vales e ninhos
nem mesmo céu esconde seu focinho

3. *Olhar o boi*

em ramos papa-figo entoa entoa
sol morno salgueiral e vento brota
ali sozinho boi encurralado
cabeça chifres quem os põe num quadro?

4. *Pegar o boi*

com todo empenho capturá-lo boi
boi intratável e forte e feroz
porém prossegue ainda monte acima
evanescência entre vale e bruma

5. *Domar o boi*

está na mão está o laço a corda
não se desprende agora em meio a pó
se vaquejado já retorna manso
segue o lado dispensa contenção

6. *Montar o boi*

suave monta o boi e ruma ao lar
e por neblina some som de flauta
solta cantiga trina de alegria
inexprimível que só se adivinha

7. *Largar o boi*

alcançar nesse dorso uma choupana
o boi não há agora se descansa
em sol vermelho a pino sobre sonho
com corda e laço largados ao chão

8. *Além do boi*

corda laço homem boi tudo nada
ideia não penetra azul de abóbada
neve jamais suporta forno em brasa
ali unir-se a mestres patriarcas

9. *Tornar à fonte*

tornar à fonte origem sem afã
no lar e só sentado na cabana
surdo cego pro mundo exterior
rio corrente enrubescer de flor

10. *Entrar na aldeia*

descalço e desnudo entrar pela aldeia
sorrindo imundo em meio a lama e terra
sem poder imortal e sem feitiço
ensina árvores secas a florir

p/ Leonardo Marona

Escapulário

O escapulário (sarça
no umbral do tempo,
sanha na pele
aberta ao ar, sonho
sob a camisa gasta
ou corda da forca
sempre adiada
que me entrelaço)

queima nas costas,
sobre a nódoa dura
da pobre medula,
ainda as digitais
de sulco e brasa
das avós, as vozes
de um santo mouco
pelas calçadas

(a espádua acesa
não sabe criar
asas, não pode
fazer pedras, não
volta sobre as copas
da cozinha, das árvores
em cinzas, das casas
há tanto abandonadas)

por onde o sangue escapa
e sopra a cachaça
dos avôs, o melaço,
o queijo, o travo

>

de frutas que não sei,
o nome arcaico dado
a algo longe, uma
mãe outra, mudada:

uma manhota, uma
mão que me coça
as costas, uma força
que imposta apõe-se.
Digo o que não escuto,
e no dizê-lo quase surdo
sinto que sustento
o peso de um mundo.

Antinomes de um rio

> *nos rios, cortejava o Rio,*
> *o que, sem lembrar, temos dentro.*
> Cabral, "Murilo Mendes e os rios"

I.

Ao rio da minha infância ninguém pôde dar,
e nunca teve nome,
seus nomes eram avenida,
como a vida, cruzada
por outras vias,
porém corria cada
metro em barranca definida
pelo trabalho do homem
nem tem como eu um pouso onde parar;
e se hoje me consome
no rio morto ver a vida
doce descer a estrada
parca de dias,
é que está continuada
na morte presumida
que há anos o carcome,
e de morte deliro que ele aduba o mar.

2.

Um menino saía todo dia
e topando com tudo ali virava,
como amador que vira a coisa amada,
a coisa ali qualquer que o pressentia,

os cães de rua, homens de rua, os ratos
dentro dos prédios, com ou sem seus ternos,
as meninas de saias e cabelos
coloridos aos berros, os assaltos

do dia a dia, o asfalto, o cimento,
o cachimbo jogado, a vala, o medo,
os pregos entre os dedos na calçada,
as lascas na parede de uma bala

entre casas, as casas nunca vistas,
um corpo, as manchas todas de outras listas.

3.

Correndo assim escuro lento espesso,
piche cidade adentro, o mesmo cheiro
dos mangues condensado, aqui te peço,
rio da minha aldeia, o nome inteiro,

o meu, o teu, valão da vida inteira,
que desce calmo até que inteiro meça
palmo a palmo a avenida e que enfim nessa
anônima passagem de clareira

desconhece barranca não humana,
rio manso, dejeto destes vivos,
da pinguela em que passo já te aceno,

neste curso tão reto, tão ameno,
lugar-comum que a minha terra irmana,
dou-me-te o nome novo: morto-vivo.

4.

A primeira vez que ouviu um tiro
foi na casa do amigo
e parecia longe o tiro
porque a casa longe que era
era a casa do amigo;
ao se multiplicarem, num clarão,
que bonito, pareciam
fogos de artifício do invisível.

A segunda, bem antes da primeira,
atirando em passarinho,
mirava bem o chumbo,
coisa infantil, erguida ao olho,
e pronto: ali quedavam mortos
os pardais que por muito tempo não veria
noutras terras, as plumas refletidas
ao sol desciam lentas, recusando
o chumbinho em suas veias
numa dança de vento e sangue.

A sétima, metal pesado aos dedos,
parecia a corrente que acorrenta
as maritacas novas no poleiro;
pensou como cantar o rio em sua aldeia,
jurou cantar o rio em sua aldeia.

5.

Toda infância é queimada
na beira de algum rio.

6.

Árvores rebentavam sob os pés
por baixo, bem abaixo sob o contrapiso
da calçada, estourando velhos canos
entre brotos e sol, esgoto de anos
brecando-as longe, abaixo rebatidas
por entre estratos de cimento, asfalto,
sangue e osso e medula comprimidos
na mó desta cidade.

                       (O que das árvores
correu até os músculos dos pés,
até as veias, os tendões, o que
carregam à garganta dos calados
na chuva fértil e ácida, com seus
pescoços pênseis, dedo ativo,
pausando em pontos de ônibus possíveis?)

Os estilhaços das janelas fazem
no chão esta seara luminosa,
vidro no vidro transplantado, cores
parcas de branco e cinza e chumbo
que adentram sob a pele, que desfolham
os olhos pasmos sob as nuvens; tudo
germina nesta carne, tudo atropela
os ramos dos pulmões em busca de ar,
e ainda assim respiram, nunca param.

(Feito granizo descem procurando
um ninho novo sobre as testas, dando
poros aos corpos perfuráveis, dando
talhos por tudo, desfrutando as plantas
de seus rebentos; e elas crescem outras

                                                     >

entre ferragens e borrachas, outras
carnes de si achando, cernes rachados
da vastidão em torno.)

                    Mas nasciam
também os prédios e consigo a seiva;
qual, não sabemos, e ela se destila
em lentos tragos; algo ainda espera
(áridas cascas da última caída?)
no mato em nós, na mata que pudera
cobrir as bocas todas deste cerco.

A coisa viva e dúctil nos encerra.

7.

E vinhas rompem dos meus dedos
e abelhas repletas de pólen
zunem pesadas nos rebentos

entre pássaros que quase dormem
na claridade fatigada
da tarde, as frutas, folhas, flores

em seus renovos delicadas
de novo ofertam força aos peixes
deste rio que sou e acabam

por renascer no lodo em feixes
de rocha e de metal pesado
como carnagem fina em seixos

traduzida, canalizado
aqui transbordo além da conta
e devorando todo o prado

devolvo vida em vida, ponta
a ponta, em mim o asfalto brilha
de caramujos, mariposas

nublam o dia que cintila
de vaga-lumes incendiários,
lançando fogo e maresia

nos becos, nas docas, nos carros
que de ferrugem reconcebem
nomes de tudo, em tempo e espaço;

o sol da língua agora desce
aos astros desfazendo o chumbo
em chuva e à chuva aquece

até o vapor dos olhos mudos,
que logo falam e devastam
as cidades, estradas, muros,

e este rio no caos repasta
ossos do amor, porque ele é
tudo que sou e somos, basta

olhar pro morto agora em pé,
basta entrançar na carne dura
do rio, basta abastar o ser

de nada e ao fim boiar na fúria.

p/ Ricardo Domeneck

Estala o fogo

I.

Rival maior contra a respiração
no signo frágil desta vida,
quando será que extáticos
               nós começamos teu amor,
          porque eras pulso como nós?
Olhando brasas e faíscas
   estalando no olho da noite
eu via tua dança, tua festa,
                  dança maior de um deus
          que conosco comunga
     um hálito de morte e amor.
Deus perecível como nós:
       fogo, respiras o ar, partilhas
       a força do oxigênio,
um par na voração
feroz sobre florestas,
          podemos sufocar-te,
          podemos afogar-te.
                  Um deus mortal em tudo,
e cada um de nós que nasce
revive teu fascínio arcaico
     e sonha teu domínio.

Fogo, pegamos teus filhotes,
das raças mais selvagens,
povos inteiros da linhagem
       domesticados, nossos
         na estimação da chama
            mansa, modesta, dúctil.   >

Colhemos tuas fezes
de borra e cinza,
te damos de comer
e olhamos como cresces.
Fogo, como é que carregamos
os teus rebentos novos,
como é que veneramos
tua prole em cusparadas
na fogueira, teus dentes-
de-leão no mundo
a semear o mato seco,
o chamuscar dos animais,
irmão maior, as construções
arruinadas na tua fúria?
Ou és tu que na fúria
nos cuidas, nos carregas, nos anulas?

Trago-te fogo em fogo interno,
relanço no olho o medo, irmão,
dessas constelações distantes,

de cuidar e destruir.

2.

Toco o fogo com dó, jogo doloso o sol
contra o solo, e será só de lamentações
esta terra, o terror torna o redor sutil
(veja os charcos sem chão, veja a tropel do som
dessas mortes em vão) na vastação do amor.
Retornando ao redil, podem por fim dispor
todo o colo e até vísceras ao senhor.
A faísca se fez isca pra cada olhar:
e no pé do monturo há um futuro só
para todos: ardor, cinzas, ruína e pó.
Soco em lodo no fole outro consolo: dor.
Mó no tempo porvir. Fogo no fogo: sol.

3.

Eu vivo um tempo em que as estátuas ardem
no fogo merecido, um tempo estranho
em que o vinho corrói na taça o estanho,
e o mesmo chumbo grosso ainda tarda em

se dissolver nas taças de champanhe.
Eu vivo aquele tempo envolto em cinza,
e a cicatriz exposta é que ameniza
a dor do dedo, o fim de pai e mãe.

Num tempo em que as palavras ardem, vivo
pensando um meio de moldar-me em fogo,
de achar-me um povo, um mar onde me afogo,
porém o próprio tempo segue esquivo

e cego e torpe. As tochas trago acesas
nas mãos, para fazer em plena brasa
a história: o caso de escrever sem casa,
sem filhos, sempre arreganhando as presas.

Batistérios do amor incógnito

Um silêncio é pra sempre do fracasso
    o vento invade as frestas
que nem a mata
     invade a vista
e a ideia de deus suprime
o tempo descambado
noutras contemplações

(mordem as pulgas entre pelos
    e as patas se confundem
entre coceira e passo
donde a tênebra espessa
apressa o dia
     que não vemos)

daí que a linha reta seja sempre
    falsa medida
onde curar feridas e o sol
não nos contempla mais do que outra estrela
    qualquer no breu das eras
estamos nós na escuridão
como um reflexo fraco
     do cristalino opaco
na meia-noite

(mutucas comem carne
    e pousam traças no papel
a luz é fraca e a cidade
     por fora estalará
feito lonjura irremediável
por dentro feito fuga
no peito do concreto)

anote-se a deriva de um ruído
que da ruína dele nascerá
— feito berne na nuca feito
   o nunca do tempo inventado
    feito afeto invertido
a marcação do olvido numa bênção
que pulsa e estala e sulca a nossa pele

(batistérios do amor incógnito
ou salmodia das ranhuras
se caminhamos dispersivos
na bruma até brotar um olho-d'água)

p/ Leonardo Fróes

Lázaro

Levanta agora:
a cúrcuma constela
a terra, mas desponta
a folha que recende
um parco rastro da raiz.

Levanta e vem:
um Lázaro contempla
a vastação inútil
à sua volta, estala
as juntas e caminha
gruta afora, sem
ter pedido nada disso.

Levanta: não precisa,
e como não precisa
é tudo que te resta,
um ovo racha, um ventre
vai contraído, a cama
é quente, tudo é tão
somente o pedido
vão que te carrega.

Levanta e anda.
Aonde não importa.
Levanta a toda hora,
pois é depois da última.

A que nos coube

Não é só uma a terra dos pais
e a terra que nos coube, nem é una
a sanha que nos move, a sina
dura de quem não é jamais capaz
de revirar torrões em paz,
de quem nas mesmas guerras ensina
as artes de explodir a carne, a fina
forma de repassar um giz
no mesmo chão como quem pôs
ali mais um tratado do destino,
(o solo em posse que o confina
a pasto, a pedra, a pós
de nós).

    Não é só uma a terra
que não nos cabe dentro ou fora,
não é mais uno o ciclo que a conforma
em nós, não é mais certa
a senda escalavrada, o ferro
estripado da terra, a tora
nas ferrovias onde o céu
demora em desabar, o inferno
desta partilha interminável de desterro
em terra; e o que se consuma agora
não é a perda do conjunto, a porta
pra sempre entreaberta
na fresta muito estreita.

    É o pranto
do tempo terminado, o tempo
que nos convoca agora, fora e dentro

da terra, neste instante
ou no seguinte,
o mistério que turvo feito unguento
nos cobre as chagas, o lento
comércio dos dias, o adiante
adiado e cumprido antecipadamente,
os círculos que damos, os momentos
de mãos trocadas, o momento em que se inventa
o tempo, a terra, outros portentos
que serão nossos, como somos
um sal da terra, bruto,
um começo de sol irresoluto,

enquanto não cansamos,
enquanto não sumimos,
enquanto um rastro arcaico oculta
algo que explode, e alguém ainda escuta
os pomos que clamamos
os dons que construímos
nas ruínas, nesta parca brita
que somos, nesta labuta
de sonhos que sorrimos.

Não é só uma a terra dos pais,
a que nos coube, a única
a que pertenço em despertença cínica,
esta que só começará depois.

Te envio uma voz

Hei-a-a-hei
Hei-a-a-hei
Hei-a-a-hei
Hei-a-a-hei

Avô Grande Espírito,
olhe mais uma vez
por mim na terra,
se curve pra ouvir
esta voz fraca.

Você viveu primeiro,
mais velho que toda precisão,
mais velho que toda prece,
tudo pertence a você —
os bípedes,
     os quadrúpedes,
          as asas do ar
e toda coisa verde e viva.

Você dispôs as forças dos quatro cantos
     pra se cruzarem,
a boa estrada
e a estrada das dificuldades,
você fez
     pra se cruzarem
e onde se cruzam
     é lugar sagrado.

Dia a dia pra sempre
você é a vida das coisas.

Por isso te envio uma voz,
Grande Espírito, meu Avô,
nada esqueço do que nos fez:
os astros do universo
                e os capins da terra.

Você me disse
quando eu era jovem
capaz de esperanças
que na dificuldade quatro vezes
eu devia enviar a voz
uma pra cada canto desta terra
                e você me ouviria.

Hoje eu envio a voz
por um povo desesperado:
você deu o cachimbo sagrado,
com ele faço uma oferenda
agora você vê.

Do oeste me deu
        o copo de água viva,
                a cuba sacra,
o poder de dar vida e destruir

Me deu um vento sacro
e a erva de onde vive
        o gigante branco,
o poder de limpar e curar.

A estrela da aurora e o cachimbo
deu do leste.

E do sul o aro sacro da nação
e a árvore por florir.

Ao centro do mundo me trouxe:
mostrou a bondade,
          a beleza,
              a estranheza
da terra verdejante,
          única mãe,
e ali as formas espirituais das coisas
como devem ser
você me mostrou
          e vi.

No centro deste aro sacro
disse que eu deveria
fazer a árvore florir.

Com lágrimas correndo,
Grande Espírito,
      Grande Espírito,
          meu Avô,
com lágrimas correndo
devo dizer agora:
a árvore jamais floriu.

Um velho de dar dó,
aqui   você me vê:
eu decaí e nada fiz.

Aqui   no centro do mundo
onde me trouxe jovem
e me ensinou,
aqui
        velho
                estou
e a árvore murchou,
Avô, meu Avô.

De novo e talvez
pela última vez
                nesta terra
retomo a visão que me deu;
pode ser que uma pequena
raiz da árvore sagrada
                ainda viva:
pode nutri-la
pra que folhe
                e flore
                        e infle
de pássaros cantando.

Me escute,
        não por mim,
mas por meu povo:
                estou velho.

Me escute
pra que possam
                mais uma vez
voltar ao aro sacro,
achar a boa via rubra,
a árvore protetora.

Em tristeza envio esta voz fraca,
Seis Forças do Mundo,
me escutem na tristeza
que posso nunca mais chamar:

Façam meu povo viver.

Potlatch

worse than useless custom
Lawrence Vankoughnet

Estes os dons que antes nos deram
trazendo anéis de flores novas,
rebentos sob os pés na terra
sementados no lar da cova,

trazendo anéis de flores novas,
vão contradons dos meus avós
sementados no lar da cova
alheia décadas depois,

vãos contradons dos meus avós
ao outro lado da família
alheia décadas depois,
como uma filha vem da filha

ao outro lado da família
cedendo tudo que ganhou,
como uma filha vem da filha,
como um avô vem de outro avô

cedendo tudo que ganhou,
desfaz-se tudo, menos carne,
como um avô vem de outro avô,
concede até chegar no cerne,

desfaz-se tudo, menos carne,
onde a medula dessas coisas

>

concede até chegar no cerne
e fundação das nossas casas,

onde a medula dessas coisas,
a mãe da mãe, o som do som
e fundação das nossas casas
farão seu dom no contradom,

a mãe da mãe, o som do som,
estes os dons que antes nos deram:
farão seu dom no contradom
rebentos sobre os pés na terra.

Veritati commenda quidquid tibi est a veritate,
et non perdes aliquid, et reflorescent putria tua.
[Entrega à verdade tudo que vem da verdade.
Nada perderás, e reflorirá tua podridão.]

Agostinho de Hipona, via Márcio Gouvêa Jr.

Notas

Wega [pp. 11-2]
A partir de dois cantos funerários do povo xona, transcritos por Jesús Fuentes Guerra.

Tout est plein dans la nature [pp. 33-4]
A partir de Leibniz.

Suspenso [pp. 41-7]
A seção 3 foi escrita a partir da sura 81 do Alcorão. A seção 4 reformula imagens da seleta beduína do *Al-Mu'allaqāt*.

O caule que aqui finca [p. 48]
A partir de Paul Celan e Maurício Cardozo, com um olhar saudoso em Donizete Galvão.

Prestidigitações [pp. 56-7]
A partir de um tema de Marcelo Sandmann.

É supérfluo acrescentar que, aqui, não se trata de contratura histérica. [pp. 58-9]
A partir de Frantz Fanon.

Últimas chamadas [pp. 85-6]
A partir dos padrões rítmicos das duas mensagens finais registradas publicamente em código Morse, a saber: 1. "*This is our final cry on 500 kHz before eternal silence*", a última mensagem da Marinha francesa em 11 de janeiro de 1992; e 2. "*What hath god wrought*", o último sinal comercial norte-americano, em 12 de julho de 1999, que por sua vez repete a primeiríssima mensagem, enviada por Samuel Morse em 1844. Foi publicado também como videopoema em parceria com Daniel Kondo.

Dez imagens da vaquejada [pp. 88-97]
A partir de Kuoan Shiyuan (século XII), com pinturas de Tenso Shubun (século XV) nas traduções de Daisetsu Teitarō Suzuki, de Stanley Lombardo e de Catherine Despeux.

Estala o fogo [pp. 109-12]
A parte 1 é extraída de Richard Dawkins.

Te envio uma voz [pp. 118-22]
A partir de Alce Negro, via John G. Neihardt.

© Guilherme Gontijo Flores, 2022

Todos os direitos desta edição reservados à Todavia.

Grafia atualizada segundo o Acordo Ortográfico da Língua Portuguesa de 1990, que entrou em vigor no Brasil em 2009.

capa
Alles Blau
obra de capa
Sofia Borges. *Natureza morta com martelo e ossada*, 2012.
composição
Manu Vasconcelos
preparação
Denise Azenha
revisão
Jane Pessoa
Fernanda Alvares

Dados Internacionais de Catalogação na Publicação (CIP)

Flores, Guilherme Gontijo (1984-)
Potlatch : Poesia / Guilherme Gontijo Flores. — 1. ed.
— São Paulo : Todavia, 2022.

ISBN 978-65-5692-231-7

1. Literatura brasileira. 2. Poesia. I. Título.

CDD B869.91

Índice para catálogo sistemático:
1. Literatura brasileira : Poesia B869.91

Bruna Heller — Bibliotecária — CRB10/2348

todavia
Rua Luís Anhaia, 44
05433.020 São Paulo SP
T. 55 11. 3094 0500
www.todavialivros.com.br

fonte
Register*
papel
Munken print cream
80 g/m²
impressão
Geográfica